Inhalt

Verschärftes Risikomanagement bei Kreditinstituten

Kernthesen

Beitrag

Fallbeispiele

Weiterführende Literatur

Impressum

Verschärftes Risikomanagement bei Kreditinstituten

G.Dengl

Kernthesen

- Viele Kreditinstitute melden einen hohen Wertberichtigungsbedarf aufgrund einer Verschlechterung des Kreditportfolios sowie Verluste im Anlagegeschäft.
- Aktuell befinden sich verschiedene Verfahren zum Risikomanagement in der Diskussion.
- Die Banken reagieren unterschiedlich auf die derzeitige wirtschaftliche und gesetzliche Lage: Manche stocken die Risikovorsorge auf, andere versuchen sich in Marktnischen zu etablieren.

Beitrag

Auffällig hoher Wertberichtigungsbedarf in der Kreditwirtschaft

Banken, Versicherungen, ja letztendlich alle Kreditinstitute beziehen grundsätzlich ihre Einkünfte aus zwei Tätigkeiten: Zum einen durch ihr direktes Geschäft mit den Kunden und zum anderen durch die Wiederanlage des so erworbenen Geldes am Kapitalmarkt. Gegenwärtig befindet sich die Kreditwirtschaft aber in der misslichen Lage, dass auf der Kundenseite große Ausfälle zu beklagen sind. Viele Firmen (sowohl Mittelstand, als auch Großunternehmen) sind in den letzten zwei Jahren insolvent geworden. Jede Insolvenz bedeutet für die beteiligten Kreditinstitute Abschreibungen in Höhe des nicht zurückgezahlten Kredites. Auf der Kapitalmarktseite kann dieser Einbruch aber leider nicht kompensiert werden. Genau das Gegenteil ist der Fall: Auch dort brechen die Einnahmen weg. Dabei haben die Beteiligungsportfolios durchweg mit am meisten an Wert verloren. (13), (11)

Die Situation der Banken und Versicherungen

hierzulande wird, auch im Hinblick auf ihre gesamtwirtschaftlichen Folgen, mit derjenigen der japanischen Kreditinstitute verglichen. Die Rede ist bereits von einer Bankenkrise. (6) Es wird davon ausgegangen, dass die jeweiligen Kreditinstitute diese Krise durch übertriebene Geschäftstüchtigkeit während der Boom-Jahre (z. B. durch überzogenen Renditeversprechen gegenüber Kunden) evtl. selbst mit herbeigeführt haben. (2)

Waren die Banken in der Vergangenheit zu unvorsichtig?

In Zeiten wirtschaftlichen Abschwungs ist es normal, dass Kredite und Forderungen ausfallen. Weil das zum normalen Geschäftsrisiko der Banken gehört, werden dafür auch Rückstellungen gebildet. Aber diesmal scheint das Auffangnetz nicht zu halten. Die schiere Masse an Ausfällen bringt selbst Großbanken in ökonomische Schwierigkeiten.

Einigkeit herrscht hingegen darüber, dass weder die Liquidität noch die Spareinlagen bedroht sind. Worum es geht, ist eine Ertragsschwäche auf der einen Seite, und hohe Kosten auf der anderen.

Zunehmend stellt sich die Frage, wieviel

Verantwortung die Kreditinstitute an ihrer eigenen Situation tragen und ob der gegenwärtige Auswirkungen nicht hätte gemildert werden können, z. B. durch vorausschauendes Risikomanagement. Dies umso mehr, da Risikomanagement ein zentraler Bestandteil des Kreditgewerbes ist oder zumindest sein sollte.

Rolf Breuer, Ex-Vorstandssprecher der Deutschen Bank und jetzt Präsident des Bundesverbands deutscher Banken, ist der Ansicht, dass sich das Kreditgewerbe heute eher prozyklisch verhält. Der Grund dafür: Risiko-Modelle, Prognosen und Rechnungen sind vergangenheitsbezogen. Sie "verlängern" in der Regel einfach die Ereignisse und Erfahrungen der Vergangenheit in die Zukunft. Doch diese rein mathematischen Methoden liefern heute keine zutreffenden Ergebnisse mehr. (12)

Die Europäische Zentralbank (EZB) dagegen beurteilt den Bankensektor um einiges positiver. Sie befürchtet zwar weitere Kreditausfälle, ist aber andererseits der Meinung, dass sich die Institute bereits bisher und auch in Zukunft durch ein ausgefeiltes Risikomanagement schützen. (18)

Welchen Risiken sind

Kreditinstitute generell ausgesetzt?

Risiko kann man beispielsweise unter folgenden Gesichtspunkten betrachten:

1) Marktrisiko
2) Kreditrisiko
3) Operationelle Risiken

Mit "Marktrisiko" ist sowohl das Risiko am Kapitalmarkt gemeint, nicht die erhoffte Rendite mit der jeweiligen Anlage zu erwirtschaften, als auch das Risiko, von der Konkurrenz überholt zu werden und Marktanteile zu verlieren. Man versteht hierunter also allgemein alle Risiken, die sich für jedes Unternehmen ergeben, wenn es in irgendeiner Weise am Markt tätig wird.

Das "Kreditrisiko" kann als das "ganz normale" Geschäftsrisiko jeder Bank verstanden werden, nämlich, dass der Schuldner nicht mehr zahlen kann. Diesem Risiko wird normalerweise mit Rücklagen in einer bestimmen statistisch ermittelten Höhe Rechnung getragen. Im klassischen Risikomanagement kommt dem Kreditrisiko im Vergleich zu anderen Risikoarten die größte Bedeutung zu. (7) Die unerwartet hohen und häufigen Ausfälle der letzten zwei Jahre stellen allerdings die Kreditinstitute auf eine harte Probe.

Unter dem Begriff "Operationelle Risiken" werden verschiedene Risiken zusammengefasst, die den regelmäßigen Geschäftsbetrieb grundsätzlich gefährden. Dazu gehören zum einen Gefahren, die aus dem Fehlverhalten von Mitarbeitern resultieren (Beispiel: Zusammenbruch der Barings Bank im Jahr 1995 aufgrund der riskanten Geschäfte des Händlers Nick Leeson), zum anderen aber auch externe Einflüsse, also naturgebundene, politische oder militärische Vorfälle (Beispiel: Terroranschlag vom 11. September 2001).
Nach dem Baseler Ausschuss für Bankenaufsicht ist darüber hinaus auch das Rechtsrisiko, also die Verletzung von Gesetzen, hierunter zu fassen. Im Vordergrund stehen jedoch insgesamt die internen Aspekte. (9)

Gesetzliche Maßnahmen

1) Regulatorischen Bestimmungen zum Management operationeller

Risiken in der Bundesrepublik Deutschland

- Neuformulierung des § 91 Abs. 2 AktG im Rahmen des Gesetz zur Kontrolle und Transparenz im Unternehmensbereich (KonTraG) (16)
- § 25a KWG (beinhaltet unter anderem Vorschriften über die Risikosteuerung, die Risikoüberwachung sowie die Risikokontrolle für das Kreditwesen) (3)

2) Richtlinien, die wegen Basel II zu befolgen sind

Die Banken können derzeit aus drei unterschiedlich anspruchsvollen Verfahren zur Berechnung der Höhe der aufsichtrechtlichen Eigenkapitalunterlegung von operationellen Risiken wählen. Die Verfahren unterscheiden sich in ihrer Komplexität, Risiko-Sensitivität und Messgenauigkeit.
Ziel des Baseler Bankenausschusses ist es, in den Kreditinstituten einen funktionierenden Risikomanagement-Prozess zu etablieren. (3)
Die Bestimmungen aus Basel II zielen im Endeffekt darauf ab, die Eigenkapitalunterlegung für Kredite zu erhöhen. Dies offenbart das Credo der Bankenaufsicht: Nur eine starke Eigenkapitaldecke

ist geeignet, den Fortbestand des Geschäftsbetriebs langfristig zu sichern. (4)

Fallbeispiele

1) Software-Lösungen für das Kreditrisiko-Management

Beim Risikomanagement geht es, wie bei vielen anderen Aktivitäten im Kreditgewerbe darum, viele Zahlen zu verarbeiten und zu verdichten. Das Risikomanagement muss im gesamten Unternehmen verankert sein, und beschränkt sich nicht auf einzelne Abteilungen. Nur so ist eine effektive Risikosteuerung möglich. Eine Software, die genau diesen Ansprüchen gerecht werden will, wird vom Softwarespezialisten ifb AG vorgestellt. Innerhalb der modular aufgebauten Produktfamilie OKULAR ist besonders das Modul OKULAR KRM hervorzuheben. Es bietet ein Kreditportfoliomodell sowie Funktionen zur Kreditstrukturanalyse und Limitierung von Kreditrisiken.

2) Hohe Abschreibungen bei der DZ Bank

Die DZ Bank ist eine der Gläubiger der Kirch-Gruppe. Sie ist dort mit ca. 400 Mio. Euro engagiert, die möglicherweise nicht zurückbezahlt werden können. Dies bedeutet auch, dass die Risikovorsorge erheblich steigen muss und wird. Weiterhin führt dies zu einer Herabstufung im Rating. (15)

3) Bankenkrise ist nicht auf Deutschland beschränkt

Auch in den USA haben die Banken mit den gleichen Problemen zu ringen wie hierzulande. So auch der einstige Börsenstar JP Morgan Chase. Die Hauptursache ist die Verschlechterung des Kreditportfolios. Daneben sieht sich die Bank aber auch Schadensersatzklagen gegenüber, die noch aus der Mitwirkung an problematischen Geschäften mit Enron herrühren; ein typisches Beispiel dafür, wie sich operationelle Risiken verwirklichen können. (8)

4) Dresdner Bank korrigiert Kreditvorsorge

Aufgrund großer Ausfälle im Bereich Firmenkunden und Kapitalmärkte, sowie einem unvorteilhaften Kreditportfolio, muss die Dresdner Bank die Kreditvorsorge im Vergleich zum Vorjahr fast verdoppeln. Diese Entwicklung ist auch deshalb so dramatisch weil diese Belastungen auf der anderen Seite nicht durch ein solides Ergebnis im Kerngeschäft aufgefangen werden können. (17)

Weiterführende Literatur

(1) Schwache Erträge drücken den Branchenprimus ins Minus - Niedrigere Kosten Deutsche Bank erhöht die Risikovorsorge
aus Die Welt, Jg. 52, 01.11.2002, Nr. 255, S. 13

(2) Geschäft mit hohem Risiko Die neuen

Wirtschaftsprüferregeln schonen die Assekuranz. Doch gerade für Lebensversicherer ist das keine Entwarnung - ihre Probleme ähneln denen japanischer Konzerne
aus FTD Financial Times Deutschland vom 04.10.2002, Seite 31

(3) Operationale Risiken im Finanzsektor
aus Finanzierung-Leasing-Factoring, Heft 05/2002, S. 202-210

(4) "Basel II" - wird endlich gut, was lange währt? Harziges Arbeiten am Entwurf einer neuen Eigenkapitalvereinbarung
aus Neue Zürcher Zeitung, 02.11.2002, Nr. 255, S. 29

(5) Höhere Kreditrisiken
aus Neue Zürcher Zeitung, 02.09.2002, Nr. 202, S. 24

(6) Pauly, C. / Reuter, W, Kassieren und abhauen, Der Spiegel, 14.10.2002, Nr. 42, Seite 94
aus Neue Zürcher Zeitung, 02.09.2002, Nr. 202, S. 24

(7) Kreditrisikomanagement in deutschen Banken - eine empirische Untersuchung
aus Zeitschrift für das gesamte Kreditwesen Nr. 17 vom 01.09.2002 Seite 868

(8) JP Morgan enttäuscht Anleger erneut Rating-Agenturen geben einen pessimistischen Ausblick " Risiken im Kreditgeschäft " Handelsergebnis bricht ein

aus FTD Financial Times Deutschland vom 19.09.2002, Seite 20

(9) Managementaspekte operationeller Risiken
aus Zeitschrift für das gesamte Kreditwesen Nr. 17 vom 01.09.2002 Seite 882

(10) Securitisation - Wandel im Kreditgeschäft
aus Zeitschrift für das gesamte Kreditwesen Nr. 19 vom 01.10.2002 Seite 1006

(11) Flaute an den Aktienmärkten hinterlässt in den Bilanzen ihre Spuren - Risikovorsorge steigt - Stille Reserven schrumpfen Analysten fürchten bei Banken tiefrote Zahlen
aus Die Welt, Jg. 52, 23.10.2002, Nr. 247, S. 17

(12) Tuma, T. / Reuter, W., Rolf Breuer über die Ursachen der existenziellen Krise der Banken /"Alle haben Fehler gemacht", Der Spiegel, 14.10.2002, Nr. 42, Seite 107
aus Die Welt, Jg. 52, 23.10.2002, Nr. 247, S. 17

(13) Die deutschen Banken wackeln
aus Frankfurter Allgemeine Sonntagszeitung, 13.10.2002, Nr. 41, S. 31

(14) Deutsche Bank kämpft mit Kreditausfällen Risikovorsorge im Vergleich zum Vorjahr versiebenfacht " Erträge brechen ein " Fortschritte bei Sparmaßnahmen
aus FTD Financial Times Deutschland vom 01.11.2002,

(15) Kreditrisiko der DZ Bank bleibt im Dunkeln
Betriebsergebnis fällt im ersten Halbjahr um 14 Prozent
aus FTD Financial Times Deutschland vom 26.08.2002, Seite 18

(16) Risikomanagement mit der Balanced Scorecard - ein Überblick
aus Zeitschrift für das gesamte Kreditwesen Nr. 17 vom 01.09.2002 Seite 895

(17) Dresdner Bank schockiert mit Milliardenverlust
aus Frankfurter Allgemeine Zeitung, 15.08.2002, Nr. 188, S. 11

(18) EZB: Bankensektor in der Eurozone stabil / Institute schützen sich durch "ausgefeiltes Risikomanagement" / Kreditausfälle befürchtet, Stuttgarter Zeitung, 09.08.2002, S. 12
aus Frankfurter Allgemeine Zeitung, 15.08.2002, Nr. 188, S. 11

Impressum

Verschärftes Risikomanagement bei Kreditinstituten

Bibliografische Information der deutschen Nationalbibliothek

Die Deutsche Nationalbibliothek verzeichnet diese Publikation in der deutschen Nationalbibliografie; detaillierte bibliografische Daten sind im Internet über http://dnb.d-nb.de abrufbar.

ISBN: 978-3-7379-1148-1

© 2015 GBI-Genios Deutsche Wirtschaftsdatenbank GmbH, Freischützstraße 96, 81927 München, www.genios.de

Alle Rechte vorbehalten. Dieses Werk ist einschließlich aller seiner Teile – z.B. Texte, Tabellen und Grafiken - urheberrechtlich geschützt. Jede Verwertung außerhalb der Grenzen des Urheberrechtsgesetzes bedarf der vorherigen Zustimmung des Verlags. Dies gilt insbesondere auch für auszugsweise Nachdrucke, fotomechanische Vervielfältigungen (Fotokopie/Mikroskopie), Übersetzungen, Auswertungen durch Datenbanken oder ähnliche Einrichtungen und die Einspeicherung und Verarbeitung in elektronischen Systemen.